Impressum
Verlag: BABADADA GmbH, Nedderfeld 112 , 22529 Hamburg
Geschäftsführer / Verlagsleitung: Harald Hof
Druck: Books on Demand GmbH, In de Tarpen 42, 22848 Norderstedt

Imprint
Publisher: BABADADA GmbH, Nedderfeld 112 , 22529 Hamburg, Germany
Managing Director / Publishing direction: Harald Hof
Print: Books on Demand GmbH, In de Tarpen 42, 22848 Norderstedt

škola
school

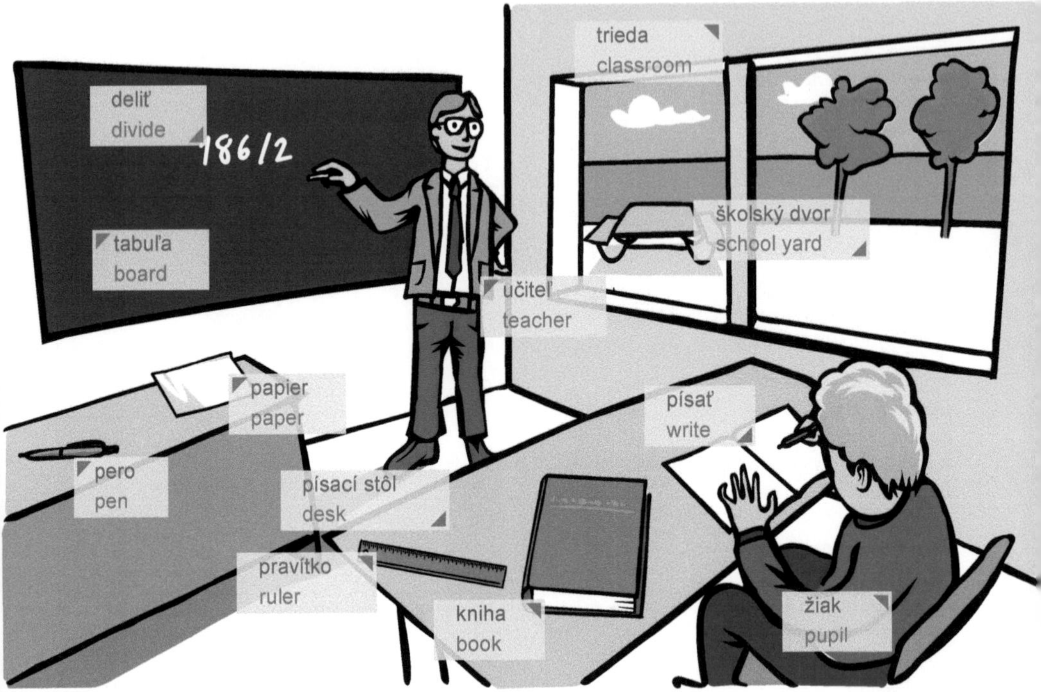

trieda
classroom
deliť
divide
186/2
tabuľa
board
školský dvor
school yard
učiteľ
teacher
papier
paper
písať
write
pero
pen
písací stôl
desk
pravítko
ruler
kniha
book
žiak
pupil

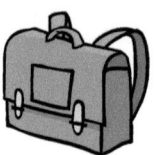

školská taška

satchel

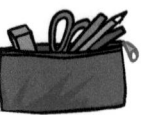

peračník

pencil case

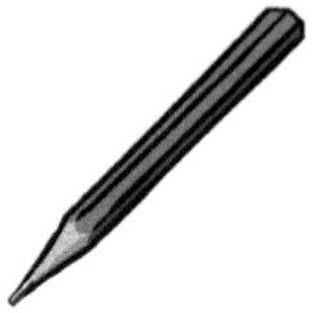

ceruza

pencil

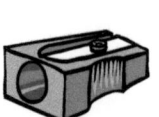

strúhadlo na ceruzky

pencil sharpener

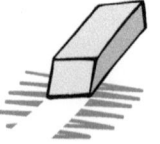

guma

rubber

skicár

drawing pad

kresba

drawing

štetec

paintbrush

vodové farby

paint box

nožnice

scissors

lepidlo

glue

cvičný zošit

exercise book

domáca úloha

homework

12

číslo

number

2+2

sčítať

add

5-2

odčítať

subtract

2×2

násobiť

multiply

počítať

calculate

A

písmeno

letter

ABCDEFG
HIJKLMN
OPQRSTU
VWXYZ

abeceda

alphabet

hello

slovo

word

text

text

čítať

read

krieda

chalk

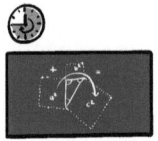

hodina

lesson

triedna kniha

register

skúška

examination

certifikát

certificate

školská uniforma

school uniform

vzdelanie

education

encyklopédia

encyclopedia

univerzita

university

mikroskop

microscope

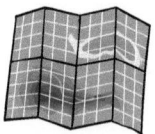

mapa

map

kôš na papier

waste-paper basket

cesta
travel

hotel
hotel
Grand
nocľaháreň
hostel
ROOMS
EXCHANGE
zmenáreň
currency exchange office
kufor
suitcase
auto
car

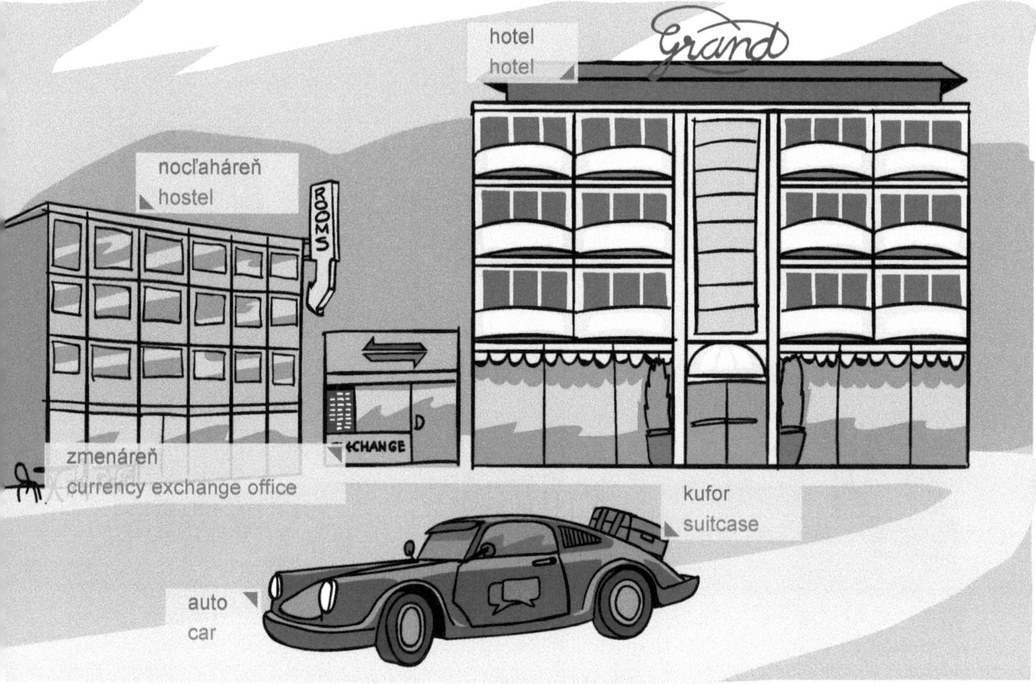

jazyk

language

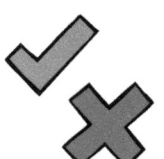

áno/nie

yes / no

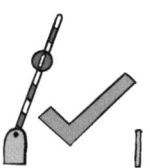

v poriadku

Okay

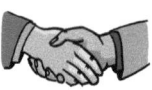

ahoj

hello

prekladateľ

translator

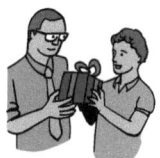

ďakujem

Thank you

Koľko stojí ... ?

how much is...?

Nerozumiem

I don´t get it

problém

problem

Dobrý večer!

Good evening!

Dobré ráno!

Good morning!

Dobrú noc!

Good night!

Dovidenia

goodbye

smer

direction

batožina

luggage

taška

bag

batoh

backpack

hosť

guest

izba

room

spacák

sleeping bag

stan

tent

informácie pre turistov

tourist information

pláž

beach

kreditná karta

credit card

raňajky

breakfast

obed

lunch

večera

dinner

cestovný lístok

Ticket

výťah

elevator

poštová známka

stamp

hranica

border

clo

customs

veľvyslanectvo

embassy

vízum

visa

cestovný pas

passport

cesta - travel

doprava
transport

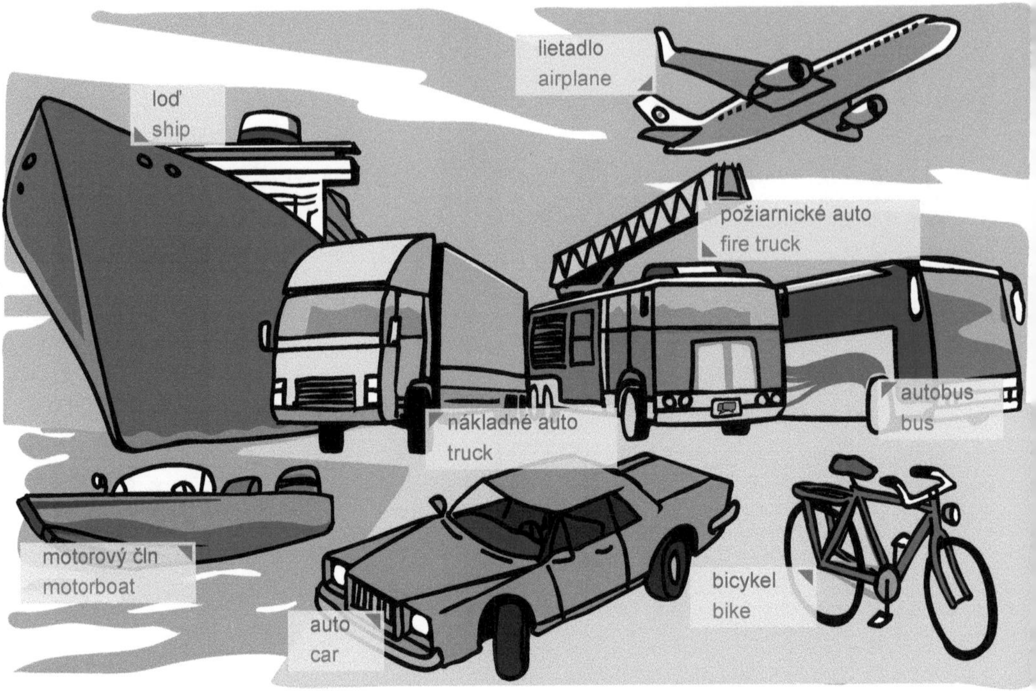

lietadlo
airplane
loď
ship
požiarnické auto
fire truck
autobus
bus
nákladné auto
truck
motorový čln
motorboat
bicykel
bike
auto
car

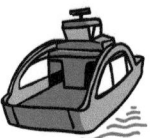

trajekt

ferry

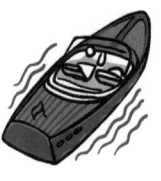

loď

boat

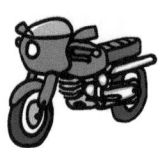

motorka

motorbike

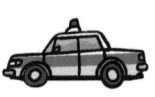

policajné auto

police car

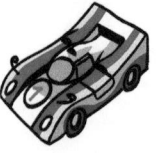

pretekárske auto

racing car

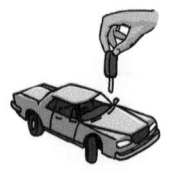

vozidlo z požičovne

rental car

carsharing

car sharing

odťahové auto

tow truck

smetiarske auto

garbage truck

motor

engine

benzín

fuel

čerpacia stanica

fuel station

dopravná značka

traffic sign

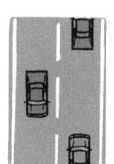

premávka

traffic

zápcha

traffic jam

parkovisko

parking lot

vlaková stanica

train station

trate

tracks

vlak

train

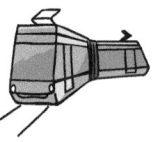

električka

tram

vagón

wagon

helikoptéra

helicopter

letisko

airport

veža

tower

pasažier

passenger

kontajner

container

kartón

carton

vozík

cart

kôš

basket

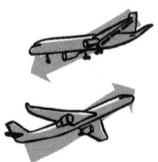

štartovať / pristáť

take off / land

mesto

city

dedina

village

centrum mesta

city center

dom

house

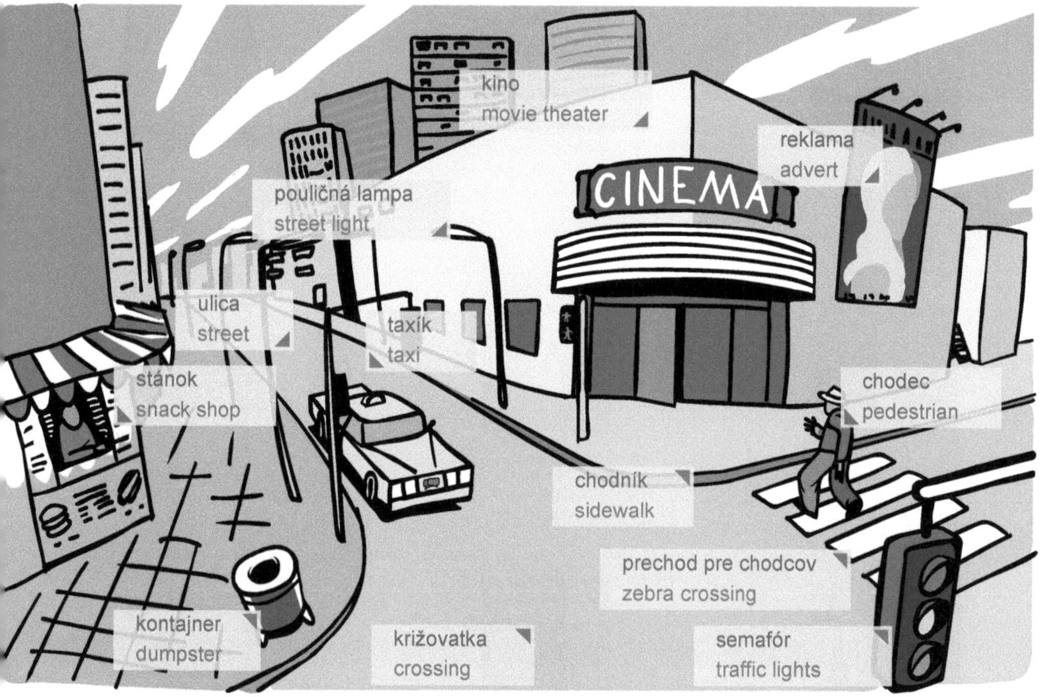

kino / movie theater

reklama / advert

poulíčná lampa / street light

CINEMA

ulica / street

taxík / taxi

chodec / pedestrian

stánok / snack shop

chodník / sidewalk

prechod pre chodcov / zebra crossing

kontajner / dumpster

križovatka / crossing

semafór / traffic lights

chata
hut

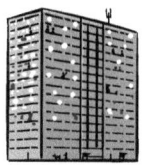

byt
apartment

vlaková stanica
train station

radnica
city hall

múzeum
museum

škola
school

univerzita

university

banka

bank

nemocnica

hospital

hotel

hotel

lekáreň

pharmacy

kancelária

office

kníhkupectvo

book shop

obchod

shop

kvetinárstvo

flower shop

supermarket

supermarket

trh

market

obchodný dom

department store

obchodník s rybami

fishmonger's shop

nákupné stredisko

mall

prístav

harbor

park

park

lavička

bench

most

bridge

schody

stairs

metro

subway

tunel

tunnel

autobusová zastávka

bus stop

bar

bar

reštaurácia

restaurant

poštová schránka

postbox

tabuľa s názvom ulice

street sign

parkovacie hodiny

parking meter

ZOO

zoo

plaváreň

swimming pool

mešita

mosque

farma
farm

znečisťovanie životného prostredia
pollution

cintorín
cemetery

kostol
church

ihrisko
playground

chrám
temple

terén
landscape

list
leaf

smerová tabuľa
signpost

cesta
path

lúka
meadow

kameň
stone

turista
hiker

strom
tree

rieka
river

tráva
grass

kvet
flower

dolina
valley

kopec
hill

jazero
lake

les
forest

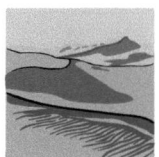

púšť
desert

vulkán
volcano

zámok
castle

dúha
rainbow

hríb
mushroom

palma
palm tree

komár
mosquito

mucha
fly

mravec
ant

včela
bee

pavúk
spider

chrobák

beetle

žaba

frog

veverička

squirrel

jež

hedgehog

zajac

hare

sova

owl

vták

bird

labuť

swan

diviak

boar

jeleň

deer

los

moose

hrádza

dam

veterná turbína

wind turbine

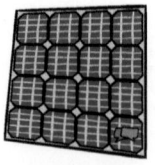

solárny panel

solar panel

podnebie

climate

reštaurácia
restaurant

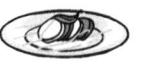

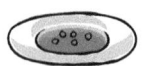

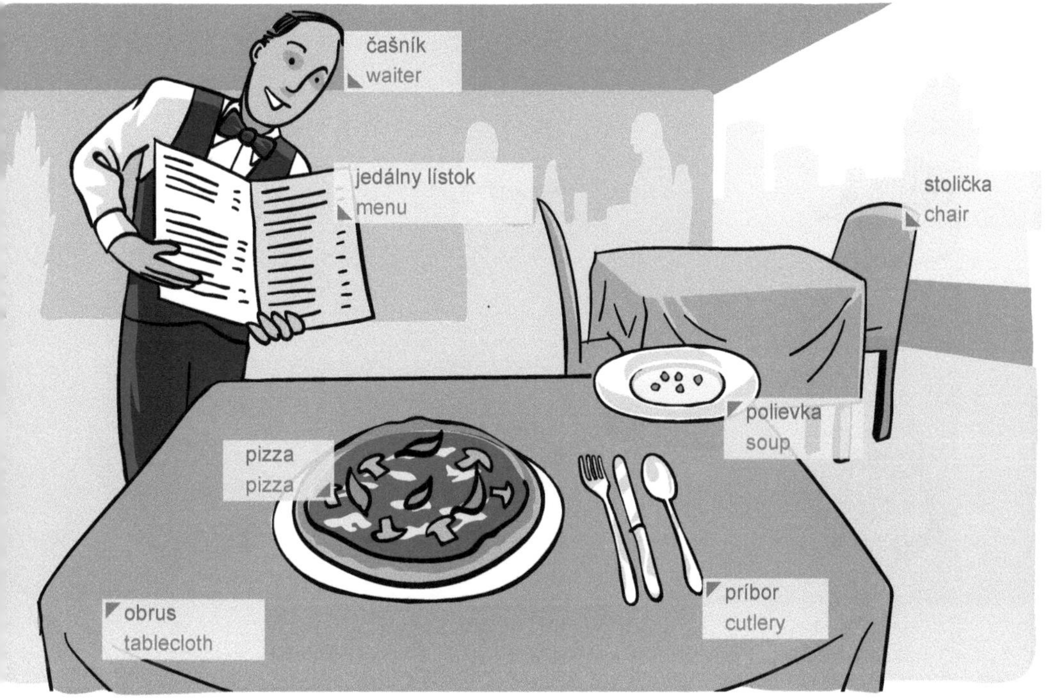
čašník
waiter
jedálny lístok
menu
stolička
chair
polievka
soup
pizza
pizza
príbor
cutlery
obrus
tablecloth

predjedlo

starter

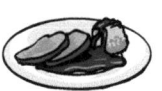

hlavné jedlo

main course

zákusok

dessert

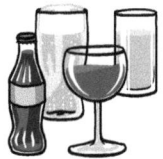

nápoje

drinks

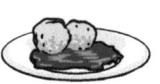

jedlo

food

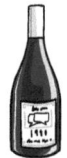

fľaša

bottle

fast-food
fast food

street food
street food

kanvica na čaj
teapot

cukornička
sugar bowl

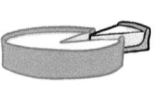

porcia
portion

stroj na espresso
espresso machine

detská stolička
high chair

účet
bill

podnos
tray

nôž
knife

vidlička
fork

lyžica
spoon

čajová lyžička
teaspoon

obrúsok
serviette

pohár
glass

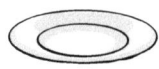

tanier
plate

hlboký tanier
soup plate

podšálka
saucer

omáčka
sauce

soľnička
salt shaker

mlynček na korenie
pepper mill

ocot
vinegar

olej
oil

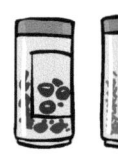

korenie
spices

kečup
ketchup

horčica
mustard

majonéza
mayonnaise

supermarket
supermarket

špeciálna ponuka
special offer
FOR
klient
customer
mliečne výrobky
dairy products
ovocie
fruit
nákupný vozík
shopping cart

BUTCHERS

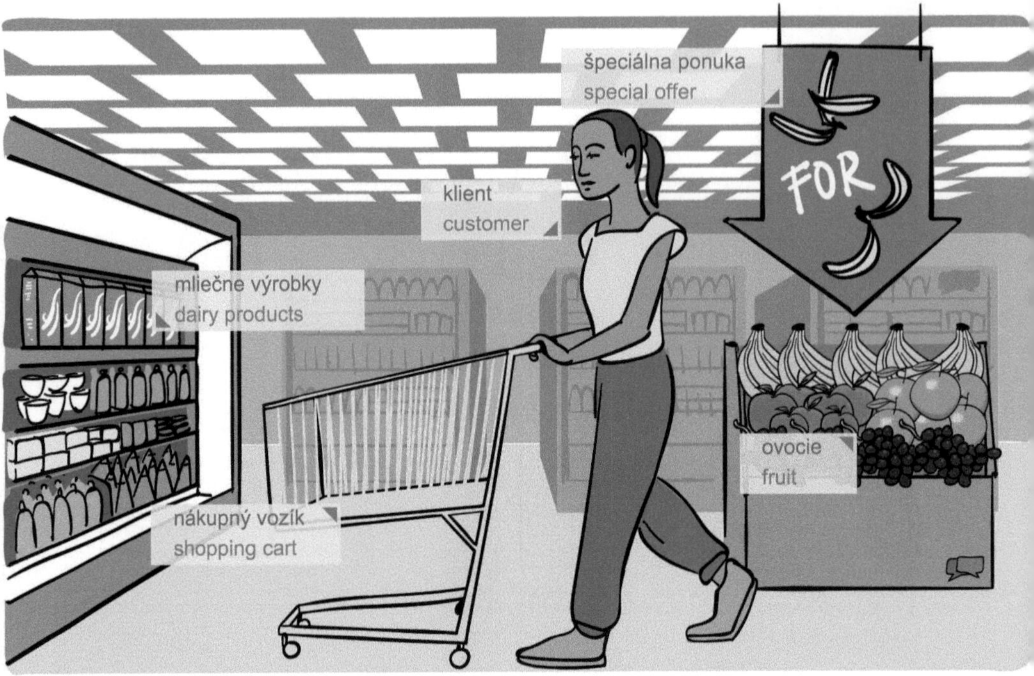

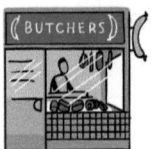

mäsiarstvo

butcher's shop

BAKERY

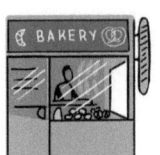

pekáreň

bakery

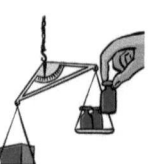

vážiť

weigh

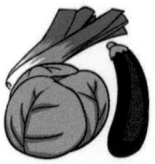

zelenina

vegetables

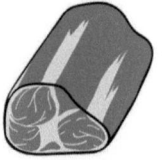

mäso

meat

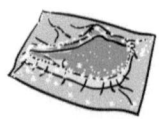

mrazené potraviny

frozen food

nárez

cold cuts

konzervy

canned food

prací prostriedok

detergent

sladkosti

candy

domáce potreby

household products

čistiace prostriedky

cleaning products

predavačka

sales representative

pokladňa

cash register

pokladník

cashier

nákupný zoznam

shopping list

otváracie hodiny

opening hours

peňaženka

wallet

kreditná karta

credit card

taška

bag

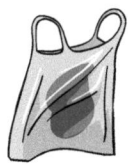

plastové vrecko

plastic bag

voda

water

džús

juice

mlieko

milk

kola

coke

víno

wine

pivo

beer

alkohol

alcohol

kakao

cocoa

čaj

tea

káva

coffee

espresso

espresso

kapučíno

cappuccino

banán

banana

jablko

apple

pomaranč

orange

melón

melon

citrón

lemon

mrkva

carrot

cesnak

garlic

bambus

bamboo

cibuľa

onion

hríb

mushroom

orechy

nuts

rezance

noodles

špagety

spaghetti

ryža

rice

šalát

salad

hranolky

fries

pečené zemiaky

fried potatoes

pizza

pizza

hamburger

hamburger

obložený chlebík

sandwich

rezeň

escalope

šunka

ham

saláma

salami

klobása

sausage

kurča

chicken

pečené mäso

roast

ryba

fish

ovsené vločky

porridge oats

müsli

muesli

kukuričné lupienky

cornflakes

múka

flour

croissant

croissant

pečivo

bread roll

chlieb

bread

hrianka

toast

sušienky

cookies

maslo

butter

tvaroh

curd

koláč

cake

vajce

egg

volské oko

fried egg

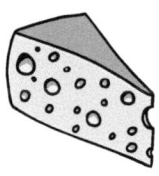

syr

cheese

zmrzlina

ice cream

cukor

sugar

med

honey

lekvár

jelly

nugátová nátierka

nougat cream

karí korenie

curry

sedliacky dom
farm house

stoch slamy
straw bale

stodola
barn

pole
field

kôň
horse

príves
trailer

žriebä
foal

traktor
tractor

somár
donkey

jahňa
lamb

ovca
sheep

koza

goat

krava

cow

teľa

calf

prasa

pig

prasiatko

piglet

býk

bull

hus
goose

kačica
duck

kuriatko
chick

sliepka
hen

kohút
cockerel

potkan
rat

mačka
cat

myš
mouse

vôl
ox

pes
dog

psia búda
dog house

záhradná hadica
garden hose

krhla
watering can

kosa
scythe

pluh
plow

kosák
sickle

motyka
hoe

vidly na hnoj
pitchfork

sekera
axe

fúrik
pushcart

koryto
trough

kanva na mlieko
milk can

vrece
sack

plot
fence

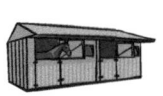

maštaľ
stable

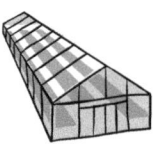

skleník
greenhouse

pôda
soil

osivo
seed

hnojivo
fertilizer

kombajn
combine harvester

žať

harvest

žatva

harvest

batát

yams

pšenica

wheat

sója

soya

zemiak

potato

kukurica

corn

repka

rapeseed

ovocný strom

fruit tree

maniok

manioc

obilie

grain

dom
house

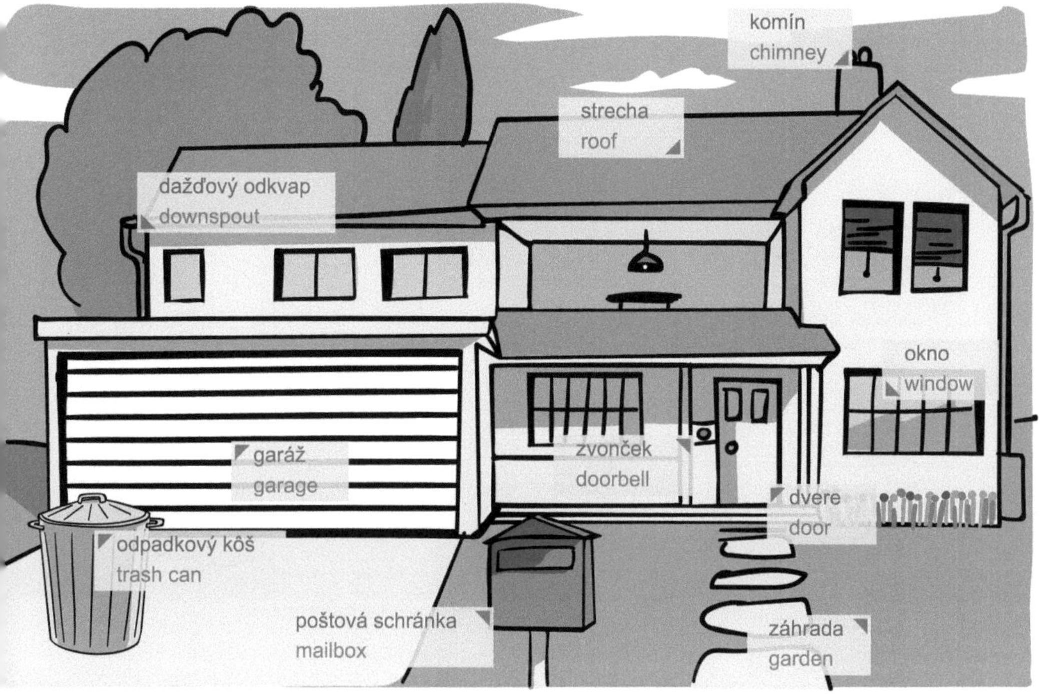
komín
chimney
strecha
roof
dažďový odkvap
downspout
okno
window
zvonček
doorbell
garáž
garage
dvere
door
odpadkový kôš
trash can
poštová schránka
mailbox
záhrada
garden

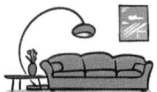

obývačka

living room

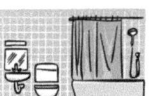

kúpeľňa

bathroom

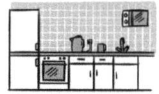

kuchyňa

kitchen

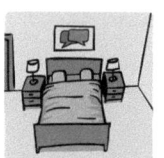

spálňa

bedroom

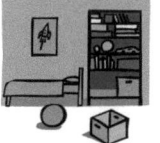

detská izba

kids room

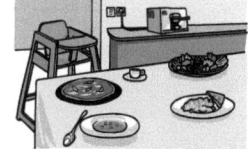

jedáleň

dining room

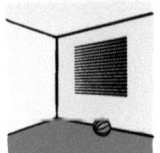

podlaha

floor

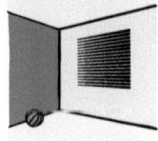

stena

wall

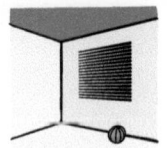

strop

ceiling

pivnica

cellar

sauna

sauna

balkón

balcony

terasa

terrace

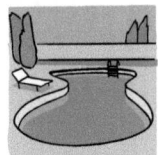

bazén

pool

kosačka

lawn mower

obliečka

sheet

posteľná prikrývka

bedspread

posteľ

bed

metla

broom

vedro

bucket

vypínač

switch

obývačka
living room

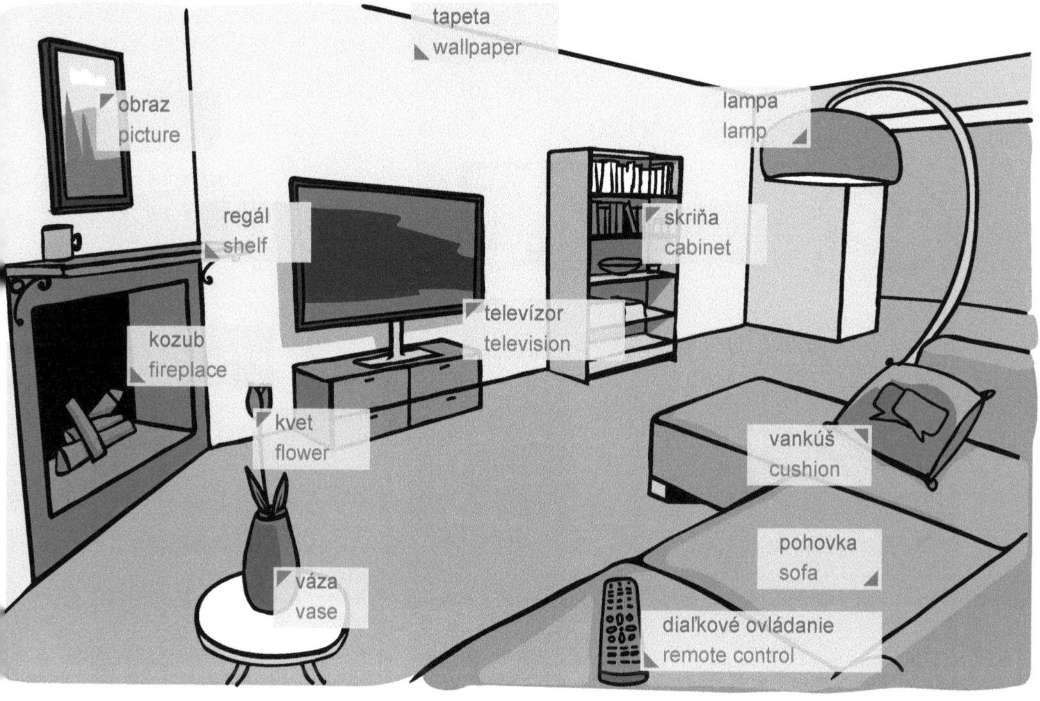

tapeta
wallpaper
obraz
picture
lampa
lamp
regál
shelf
skriňa
cabinet
televízor
television
kozub
fireplace
kvet
flower
vankúš
cushion
pohovka
sofa
váza
vase
diaľkové ovládanie
remote control

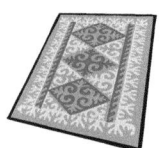

koberec

carpet

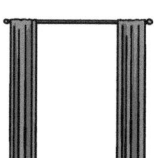

záclona

drape

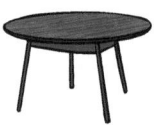

stôl

table

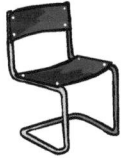

stolička

chair

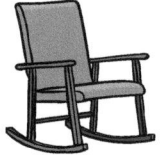

hojdacie kreslo

rocking chair

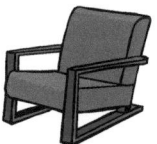

kreslo

armchair

kniha

book

prikrývka

blanket

dekorácia

decoration

drevo na kúrenie

firewood

film

film

hi-fi veža

stereo system

kľúč

key

noviny

newspaper

maľba

painting

plagát

poster

rádio

radio

zápisník

notebook

vysávač

vacuum cleaner

kaktus

cactus

sviečka

candle

kuchyňa
kitchen

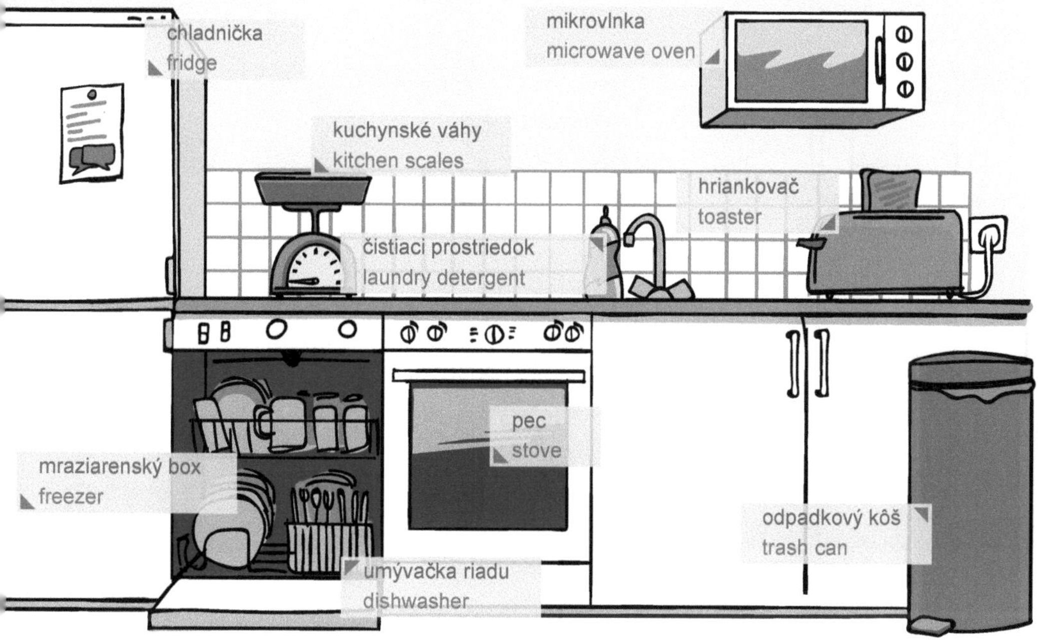
chladnička
fridge
mikrovlnka
microwave oven
kuchynské váhy
kitchen scales
hriankovač
toaster
čistiaci prostriedok
laundry detergent
pec
stove
mraziarenský box
freezer
odpadkový kôš
trash can
umývačka riadu
dishwasher

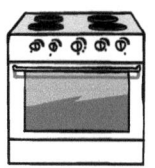

sporák

cooker

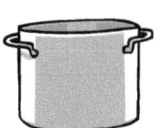

hrniec

pot

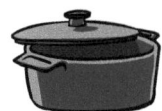

železný hrniec

cast-iron pot

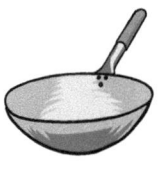

wok / kadai

wok / kadai

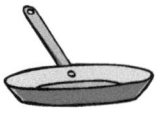

panvica

pan

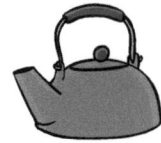

rýchlovarná kanvica

kettle

parný hrniec

steamer

plech na pečenie

baking tray

riad

crockery

pohár

mug

misa

bowl

paličky

chopsticks

naberačka na polievku

ladle

stierka

spatula

metlička

whisk

cedidlo

strainer

sitko

sieve

strúhadlo

grater

mažiar

mortar

gril

barbecue

ohnisko

fireplace

kuchyňa - kitchen

doska na krájanie

chopping board

valček na cesto

rolling pin

vývrtka

corkscrew

konzerva

can

otvárač na konzervy

can opener

chňapka

oven cloth

výlevka

sink

kefa

brush

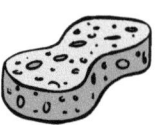

hubka

sponge

mixér

blender

mraznička

deep freezer

kojenecká fľaša

baby bottle

vodovodný kohútik

tap

kúpeľňa
bathroom

kúrenie
heating

sprcha
shower

uterák
towel

sprchový záves
shower curtain

pena do kúpeľa
bubble bath

vaňa
bathtub

pohár
glass

práčka
washing machine

dlaždice
tiles

vodovodný kohútik
tap

nočník
potty

výlevka
sink

záchod

toilet

suchý záchod

squat toilet

bidet

bidet

pisoár

urinal

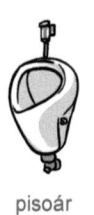

toaletný papier

toilet paper

záchodová kefa

toilet brush

zubná kefka

toothbrush

zubná pasta

toothpaste

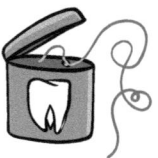

dentálna niť

dental floss

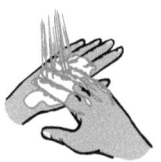

umývať

wash

ručná sprcha

hand shower

sprcha pre intímnu hygienu

douche

umývadlo

basin

kefa na chrbát

back brush

mydlo

soap

sprchový gél

shower gel

šampón

shampoo

frotírová rukavica

flannel

odtok

drain

krém

creme

dezodorant

deodorant

zrkadlo

mirror

kozmetické zrkadlo

hand mirror

žiletka

razor

pena na holenie

shaving foam

voda po holení

aftershave

hrebeň

comb

kefa

brush

sušič vlasov

hair-dryer

sprej na vlasy

hairspray

make-up

makeup

rúž

lipstick

lak na nechty

nail varnish

vata

cotton wool

nožnice na nechty

nail scissors

parfum

perfume

kozmetická taška

washbag

stolček

stool

váha

weighing scales

kúpací plášť

bathrobe

gumové rukavice

rubber gloves

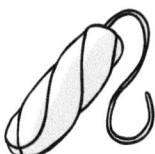

tampón

tampon

menštruačná vložka

sanitary towel

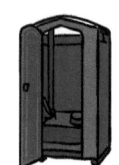

chemické WC

chemical toilet

detská izba

kids room

budík
alarm clock
plyšová hračka
cuddly toy
hračkárske auto
toy car
hrkálka
rattle
domček pre bábiky
doll's house
dar
present

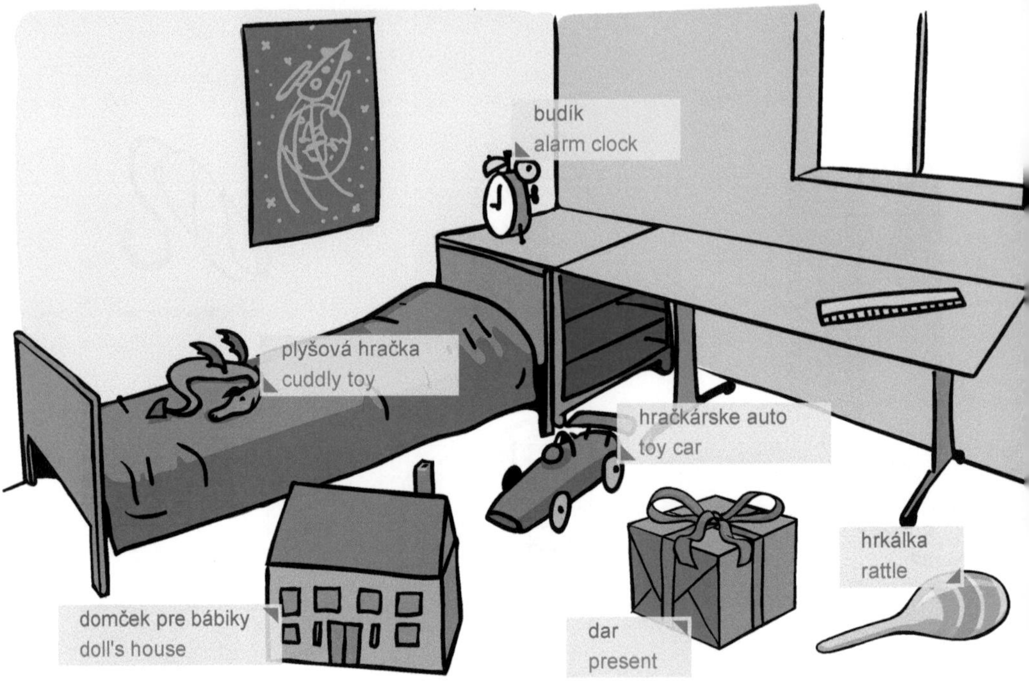

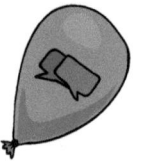

balón

balloon

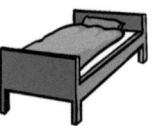

posteľ

bed

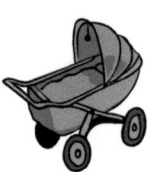

detský kočík

stroller

karty

deck of cards

puzzle

jigsaw

SUPER
MEGA

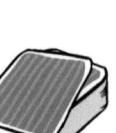

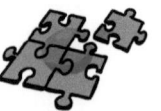

komix

comic

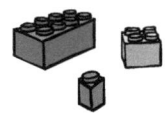

skladačka lego

lego bricks

stavebnica

toy blocks

akčná postavička

action figure

dupačky

romper suit

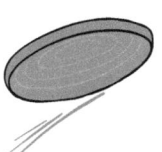

lietajúci tanier

frisbee

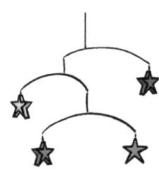

závesné hračky

mobile

stolová hra

board game

kocka

dice

modelový vláčik

model train set

cumlík

pacifier

párty

party

obrázková kniha

picture book

lopta

ball

bábika

doll

hrať sa

play

pieskovisko

sandpit

hojdačka

swing

hračky

toys

hracia konzola

video game console

trojkolka

tricycle

medvedík

teddy bear

šatník

wardrobe

šatstvo
clothing

ponožky

socks

pančuchy

stockings

pančuchové nohavičky

tights

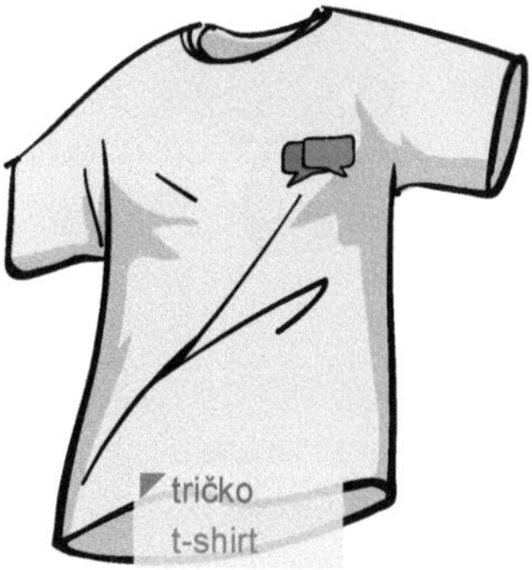

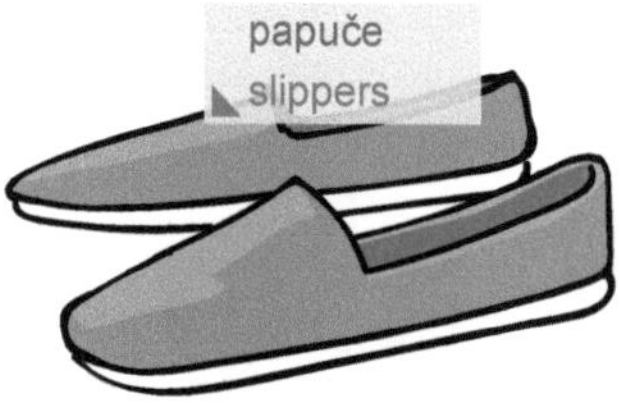

šál
scarf

opasok
belt

dáždnik
umbrella

tričko
t-shirt

čižmy
boots

papuče
slippers

tenisky
sneakers

sandále

....
sandals

topánky

....
shoes

gumáky

....
rubber boots

spodky
....
underwear

podprsenka
....
bra

tielko
....
undershirt

body
body

nohavice
pants

džínsy
jeans

sukňa
skirt

blúzka
blouse

košeľa
shirt

pulóver
pullover

sveter
sweater

blejzer
blazer

bunda
jacket

kabát
coat

pršiplášť
raincoat

kostým
costume

šaty
dress

svadobné šaty
wedding dress

oblek

suit

nočná košeľa

nightgown

pyžamo

pajamas

sari

sari

šatka na hlavu

headscarf

turban

turban

burka

burka

kaftan

kaftan

abaja

abaya

dvojdielne plavky

swimsuit

plavky

trunks

šortky

shorts

teplákova súprava

tracksuit

zástera

apron

rukavice

gloves

gombík

button

okuliare

glasses

náramok

bracelet

retiazka

necklace

prsteň

ring

náušnica

earring

čiapka

cap

vešiak

coat hanger

klobúk

hat

kravata

tie

zips

zip

prilba

helmet

traky

braces

školská uniforma

school uniform

uniforma

uniform

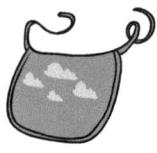

podbradník

bib

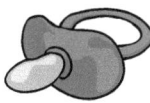

cumlík

pacifier

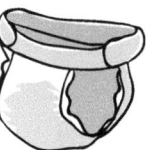

plienka

diaper

kancelária
office

server
server
skriňa na spisy
filing cabinet
tlačiareň
printer
papier
paper
monitor
monitor
myš
mouse
písací stôl
desk
zakladač
folder
klávesnica
keyboard
kôš na papier
waste-paper basket
počítač
computer
stolička
chair

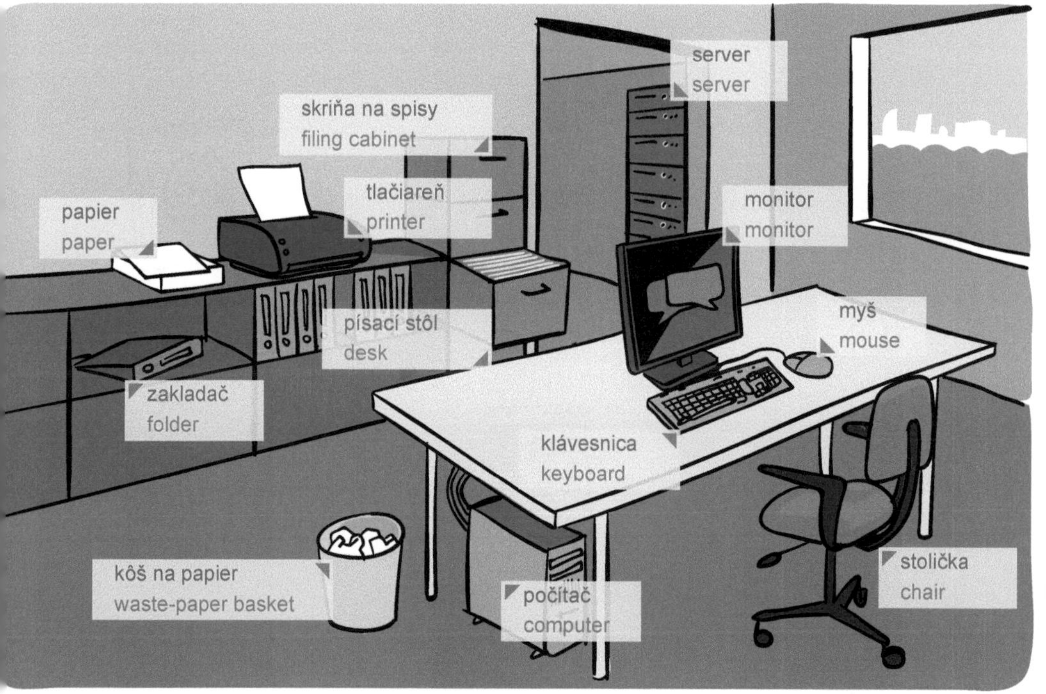

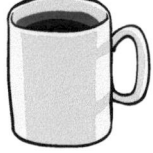

hrnček na kávu

coffee mug

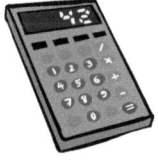

kalkulačka

calculator

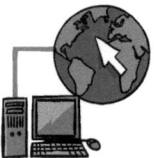

internet

internet

laptop

laptop

list

letter

správa

message

mobil

cell phone

sieť

network

kopírka

photocopier

softvér

software

telefón

telephone

elektrická zásuvka

plug socket

fax

fax machine

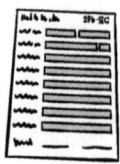

formulár

form

doklad

document

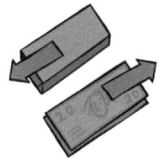

kúpiť

buy

platiť

pay

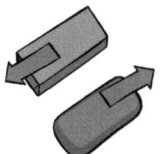

obchodovať

trade

peniaze

money

dolár

dollar

euro

euro

jen

yen

rubeľ

rouble

švajčiarsky frank

Swiss franc

čínsky jüan

renminbi yuan

rupia

rupee

bankomat

cash point

zmenáreň

currency exchange office

zlato

gold

striebro

silver

ropa

oil

energia

energy

cena

price

zmluva

contract

daň

tax

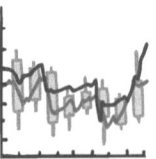

akcia

stock

pracovať

work

zamestnanec

employee

zamestnávateľ

employer

továreň

factory

obchod

shop

povolania
occupations

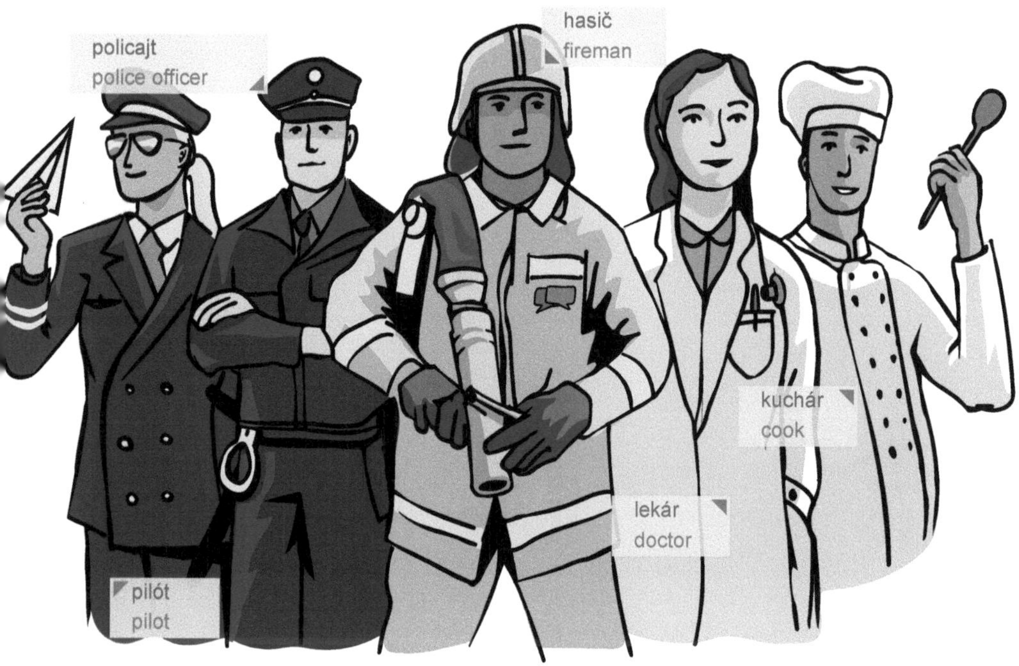
policajt
police officer
hasič
fireman
kuchár
cook
lekár
doctor
pilót
pilot

záhradník

gardener

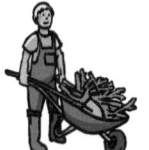

stolár

carpenter

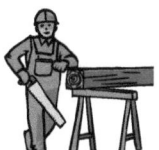

krajčírka

seamstress

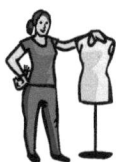

sudca

judge

chemik

chemist

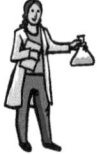

herec

actor

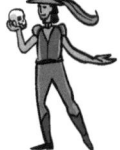

vodič autobusu

bus driver

taxikár

taxi driver

rybár

fisherman

upratovačka

cleaning lady

pokrývač

roofer

čašník

waiter

poľovník

hunter

maliar

painter

pekár

baker

elektrikár

electrician

stavebný robotník

builder

inžinier

engineer

mäsiar

butcher

klampiar

plumber

poštár

postman

vojak

soldier

architekt

architect

pokladník

cashier

kvetinár

florist

kaderník

hairdresser

sprievodca

conductor

mechanik

mechanic

kapitán

captain

zubár

dentist

vedec

scientist

rabín

rabbi

imám

imam

mních

monk

farár

pastor

náradie
tools

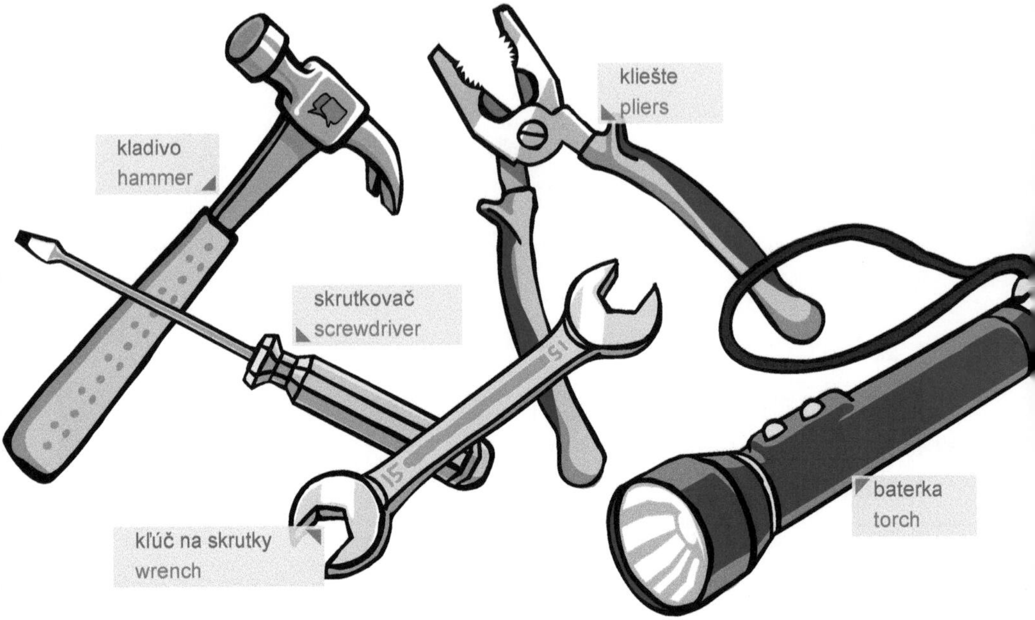

kladivo
hammer
kliešte
pliers
skrutkovač
screwdriver
kľúč na skrutky
wrench
baterka
torch

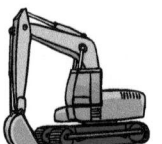

bager

excavator

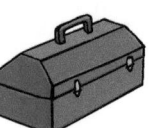

súprava náradia

toolbox

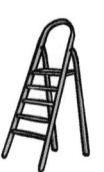

rebrík

ladder

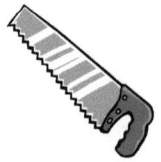

pílka

saw

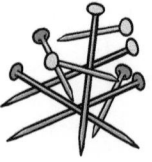

klince

nails

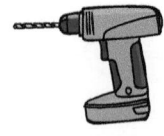

vrták

drill

opraviť
....
repair

lopata
....
shovel

Do čerta!
....
Damn!

lopatka na smeti
....
dustpan

nádoba s farbou
....
paint can

skrutky
....
screws

hudobné nástroje
musical instruments

reprodruktor
loud speaker

bicie
drum set

gitara
guitar

kontrabas
double bass

trúbka
trumpet

klavír

piano

husle

violin

basa

bass

tympany

timpani

bubon

drums

klávesnica

keyboard

saxofón

saxophone

flauta

flute

mikrofón

microphone

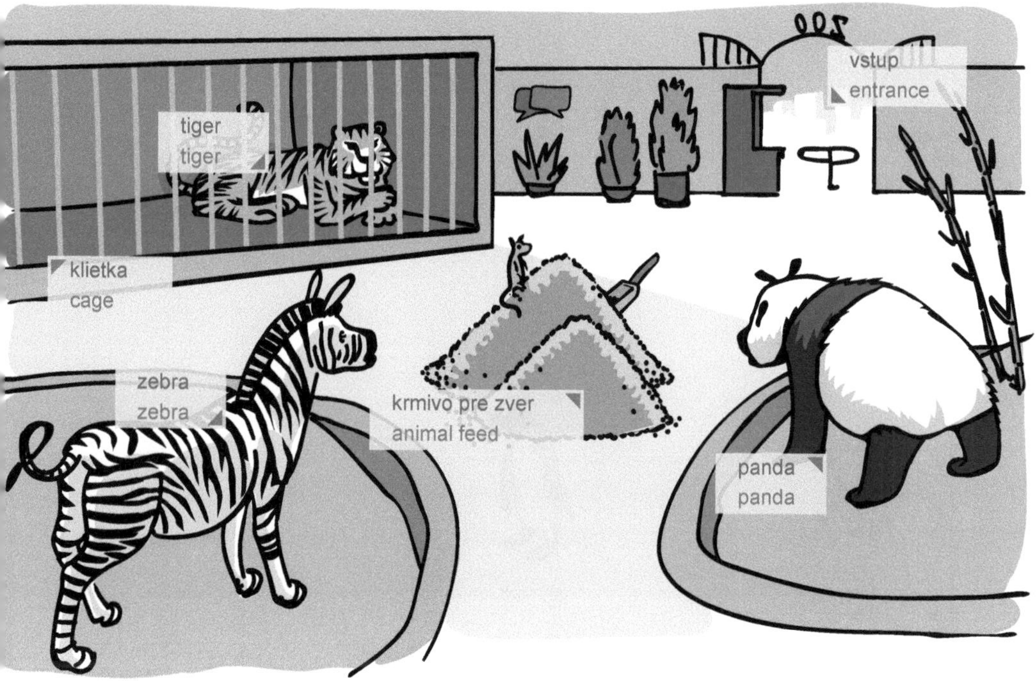

tiger
tiger

vstup
entrance

klietka
cage

zebra
zebra

krmivo pre zver
animal feed

panda
panda

zvieratá

animals

slon

elephant

klokan

kangaroo

nosorožec

rhino

gorila

gorilla

medveď

bear

ťava

camel

pštros

ostrich

lev

lion

opica

monkey

plameniak

flamingo

papagáj

parrot

ľadový medveď

polar bear

tučniak

penguin

žralok

shark

páv

peacock

had

snake

krokodíl

crocodile

ošetrovateľ v ZOO

zookeeper

tuleň

seal

jaguár

jaguar

poník
pony

leopard
leopard

hroch
hippo

žirafa
giraffe

orol
eagle

diviak
boar

ryba
fish

korytnačka
turtle

mrož
walrus

líška
fox

gazela
gazelle

americký futbal
American football

cyklistika
cycling

tenis
tennis

basketbal
basketball

plávanie
swimming

box
boxing

hokej
ice hockey

futbal

soccer

bedminton

badminton

ľahká atletika

athletics

hádzaná

handball

lyžovanie

skiing

pólo

polo

skočiť
jump

smiať sa
laugh

objať
hug

chodiť
walk

spievať
sing

snívať
dream

modliť sa
pray

pobozkať
kiss

písať
write

kresliť
draw

ukázať
show

tlačiť
push

dať
give

brať
take

mať

have

robiť

do

byť

be

stáť

stand

bežať

run

ťahať

pull

hádzať

throw

padnúť

fall

ležať

lie

čakať

wait

nosiť

carry

sedieť

sit

obliecť sa

get dressed

spať

sleep

zobudiť sa

wake up

pozerať

look at

plakať

cry

hladkať

stroke

česať

comb

hovoriť

talk

rozumieť

understand

pýtať sa

ask

počuť

listen

piť

drink

jesť

eat

upratať

tidy up

milovať

love

variť

cook

jazdiť

drive

letieť

fly

aktivity - activities

plachtiť

sail

počítať

calculate

čítať

read

učiť sa

learn

pracovať

work

oženiť

marry

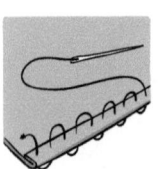

šiť

sew

čistiť zuby

brush teeth

zabiť

kill

fajčiť

smoke

poslať

send

stará mama
grandmother

starý otec
grandfather

otec
father

mama
mother

bábo
baby

dcéra
daughter

syn
son

hosť

guest

teta

aunt

strýko

uncle

brat

brother

sestra

sister

telo
body

čelo
forehead
oko
eye
plece
shoulder
prst
finger
tvár
face
brada
chin
ruka
hand
hruď
breast
noha
leg
rameno
arm

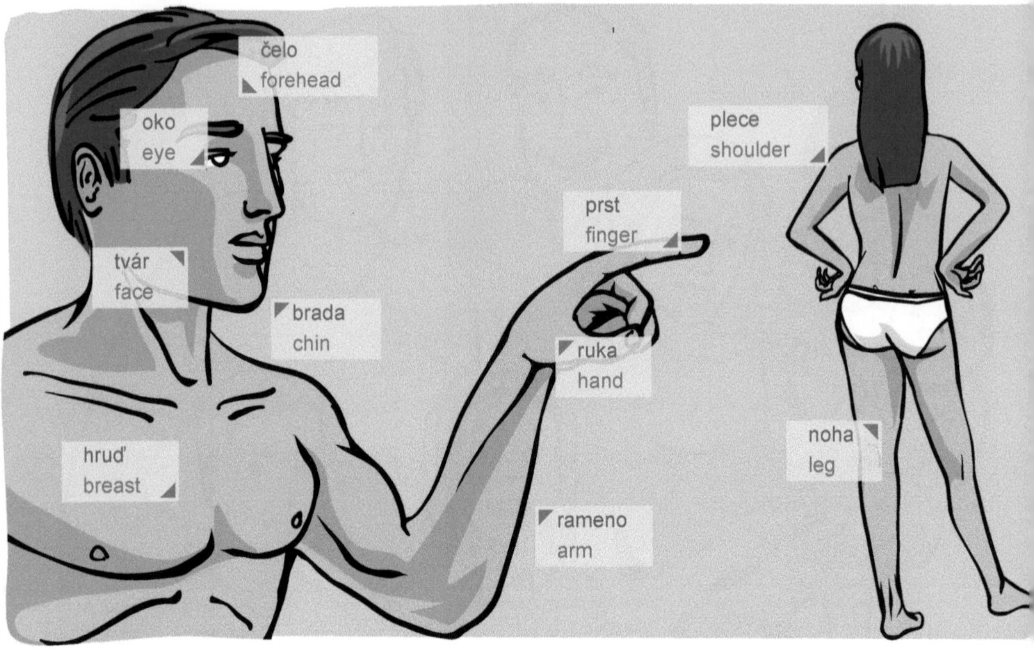

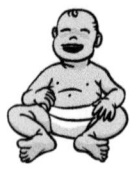

bábo

baby

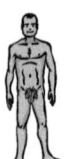

muž

man

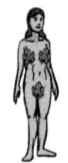

žena

woman

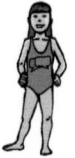

dievča

girl

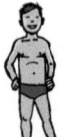

chlapec

boy

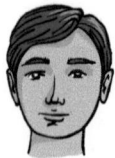

hlava

head

chrbát

back

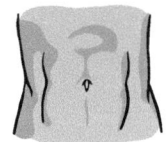

brucho

belly

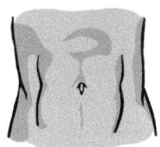

pupok

navel

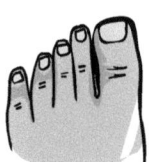

prst na nohe

toe

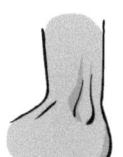

päta

heel

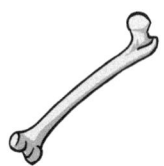

kosť

bone

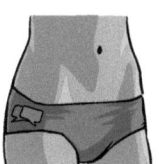

bok

hip

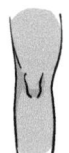

koleno

knee

lakeť

elbow

nos

nose

zadok

buttocks

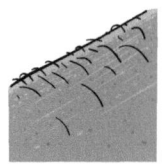

koža

skin

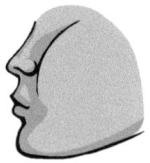

líce

cheek

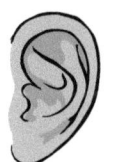

ucho

ear

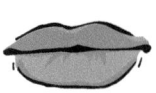

pery

lip

ústa
mouth

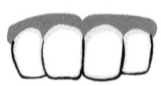

zub
tooth

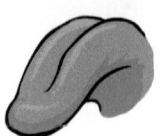

jazyk
tongue

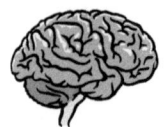

mozog
brain

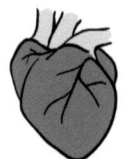

srdce
heart

svaly
muscle

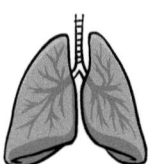

pľúca
lung

pečeň
liver

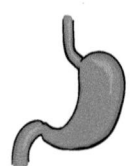

žalúdok
stomach

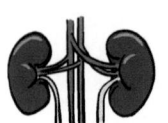

obličky
kidneys

pohlavný styk
sex

kondóm
condom

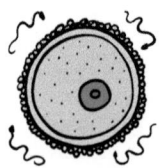

vaječná bunka
ovum

semeno
semen

tehotenstvo
pregnancy

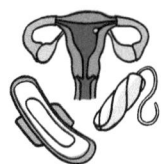

menštruácia

menstruation

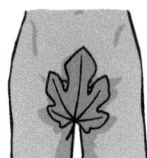

vagína

vagina

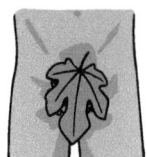

penis

penis

obočie

eyebrow

vlasy

hair

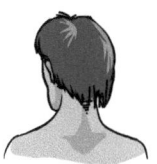

krk

neck

nemocnica
hospital

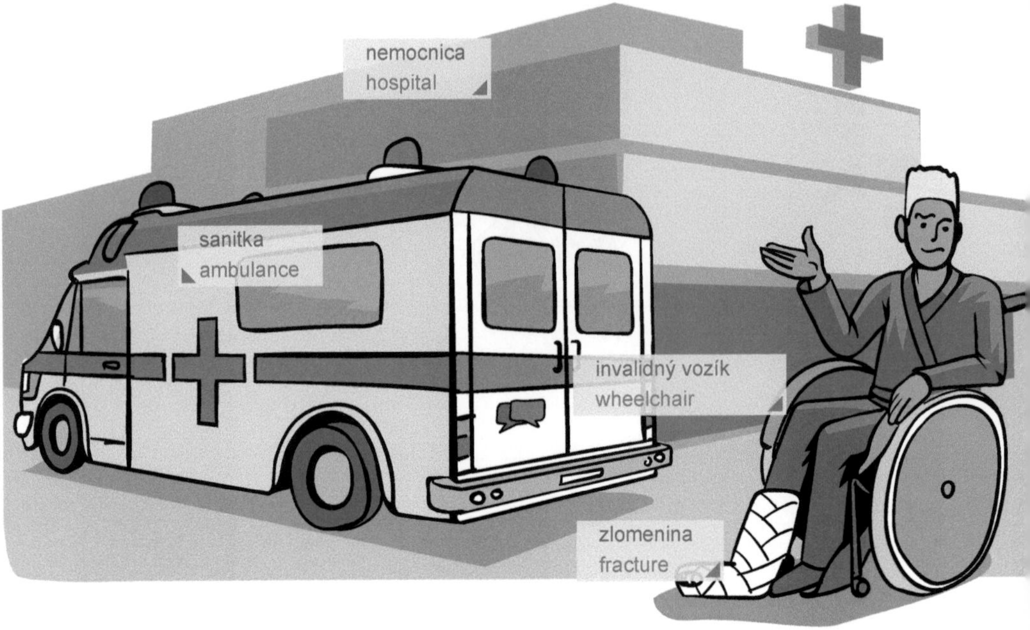

nemocnica
hospital
sanitka
ambulance
invalidný vozík
wheelchair
zlomenina
fracture

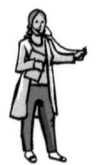

lekár

doctor

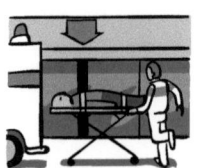

urgentný príjem

emergency room

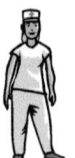

sestrička

nurse

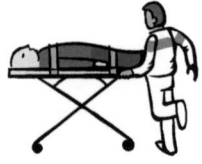

urgentný prípad

emergency

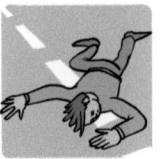

v bezvedomí

unconscious

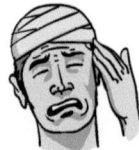

bolesť

pain

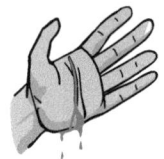

zranenie

injury

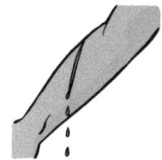

krvácanie

bleeding

srdcový infarkt

heart attack

mozgová porážka

stroke

alergia

allergy

kašeľ

cough

teplota

fever

chrípka

flu

hnačka

diarrhea

bolesť hlavy

headache

rakovina

cancer

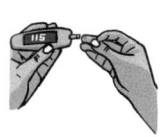

cukrovka

diabetes

chirurg

surgeon

skalpel

scalpel

operácia

operation

CT

CT

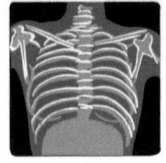

RTG

x-ray

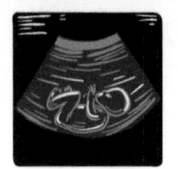

ultrazvuk

ultrasound

maska

face mask

choroba

disease

čakáreň

waiting room

barla

crutch

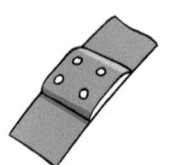

náplasť

plaster

obväz

bandage

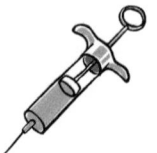

injekcia

injection

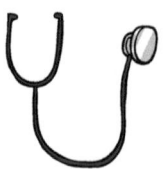

fonendoskop

stethoscope

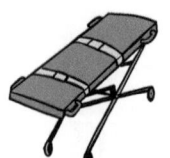

nosidlá

stretcher

teplomer

clinical thermometer

pôrod

birth

nadváha

overweight

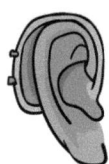

audiofón

hearing aid

dezinfekčný prostriedok

disinfectant

infekcia

infection

vírus

virus

HIV / AIDS

HIV / AIDS

medicína

medicine

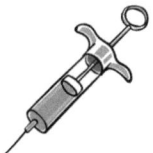

očkovanie

vaccination

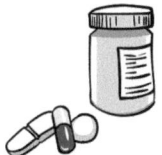

tabletky

tablets

antikoncepčná pilulka

pill

tiesňové volanie

emergency call

tlakomer

blood pressure monitor

chorý / zdravý

ill / healthy

Pomoc!

Help!

alarm

alarm

prepad

assault

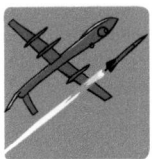

útok

attack

nebezpečenstvo

danger

núdzový východ

emergency exit

Horí!

Fire!

hasičský prístroj

fire extinguisher

nehoda

accident

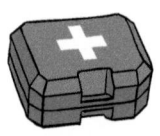

kufrík prvej pomoci

first-aid kit

SOS

SOS

polícia

police

Európa

Europe

Severná Amerika

North America

Južná Amerika

South America

Afrika

Africa

Ázia

Asia

Austrália

Australia

Atlantický oceán

Atlantic

Tichý oceán

Pacific

Indický oceán

Indian Ocean

Južný oceán

Antarctic Ocean

Severný ľadový oceán

Arctic Ocean

Severný pól

North pole

Južný pól

South pole

Antarktída

Antarctica

Zem

earth

krajina

land

more

sea

ostrov

island

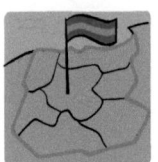

národ

nation

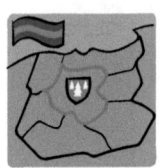

štát

state

Zem - earth

ciferník

clock face

hodinová ručička

hour hand

minútová ručička

minute hand

sekundová ručička

second hand

Koľko je hodín?

What time is it?

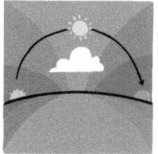

deň

day

čas

time

teraz

now

digitálne hodiny

digital watch

minúta

minute

hodina

hour

týždeň
week

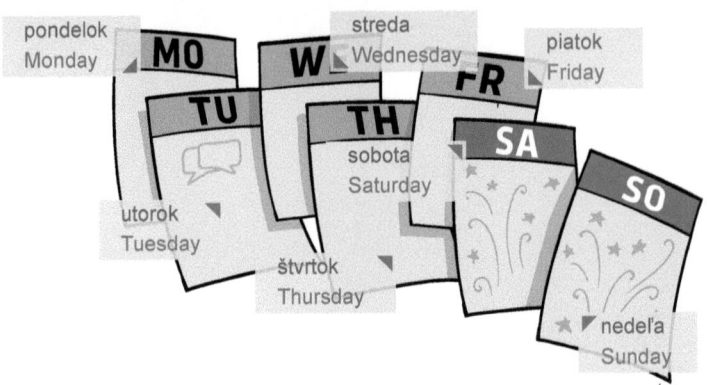

pondelok
Monday
MO

streda
Wednesday

piatok
Friday

W

FR

TU

TH

SA

SO

sobota
Saturday

utorok
Tuesday

štvrtok
Thursday

nedeľa
Sunday

včera
....
yesterday

dnes
....
today

zajtra
....
tomorrow

ráno
....
morning

poludnie
....
noon

večer
....
evening

pracovné dni
....
workdays

víkend
....
weekend

rok
year

dážď
rain
dúha
rainbow
vietor
wind
sneh
snow
jar
spring
leto
summer
jeseň
fall
zima
winter

4.APRIL 11°
5.APRIL 4°
6.APRIL 13°
7.APRIL 8°
8.APRIL 10°

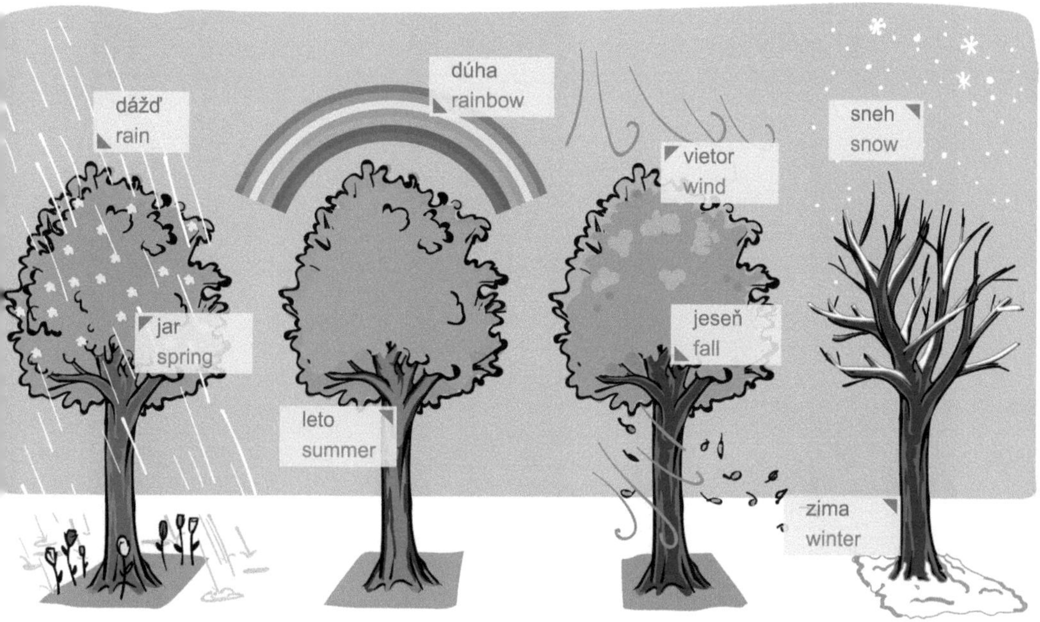

predpoveď počasia

weather forecast

F C
120 40
90 30
60 20
30 10
0 0
-30 -10
-20

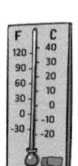

teplomer

thermometer

slnečný svit

sunshine

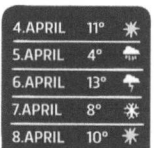

oblak

cloud

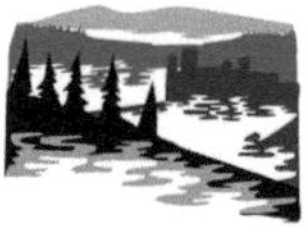

hmla

fog

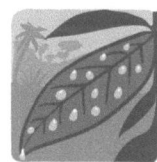

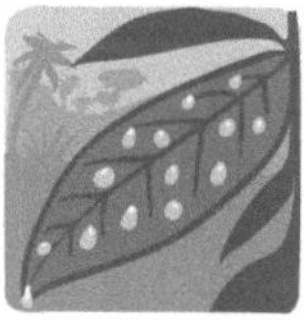

vlhkosť vzduchu

humidity

blesk
lightning

hrom
thunder

búrka
storm

krúpy
hail

monzún
monsoon

záplava
flood

ľad
ice

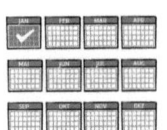

január
January

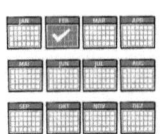

február
February

marec
March

apríl
April

máj
May

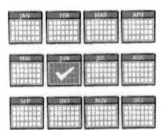

jún
June

júl
July

august
August

september
....
September

október
....
October

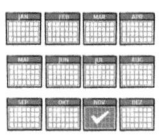

november
....
November

december
....
December

kruh
....
circle

štvorec
....
square

obdĺžnik
....
rectangle

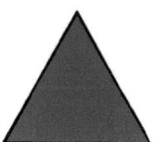

trojuholník
....
triangle

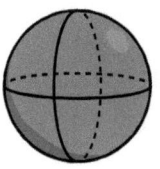

guľa
....
sphere

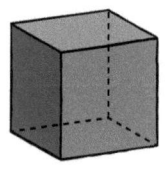

kocka
....
cube

biela

white

žltá

yellow

oranžová

orange

ružová

pink

červená

red

fialová

purple

modrá

blue

zelená

green

hnedá

brown

šedá

gray

čierna

black

veľa / málo

a lot / a little

zúrivý / pokojný

angry / calm

pekný / škaredý

beautiful / ugly

začiatok / koniec

beginning / end

veľký / malý

big / small

svetlý / tmavý

bright / dark

brat / sestra

brother / sister

čistý / špinavý

clean / dirty

úplný / neúplný

complete / incomplete

deň / noc

day / night

mŕtvy / živý

dead / alive

široký / úzky

wide / narrow

chutný / nechutný

edible / inedible

zlostný / láskavý

evil / kind

vzrušený / unudený

excited / bored

tlstý / chudý

fat / thin

prvý / posledný

first / last

priateľ / nepriateľ

friend / enemy

plný / prázdny

full / empty

tvrdý / mäkký

hard / soft

ťažký / ľahký

heavy / light

hlad / smäd

hunger / thirst

chorý / zdravý

ill / healthy

nelegálny / legálny

illegal / legal

inteligentný / hlúpy

intelligent / stupid

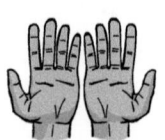

vľavo / vpravo

left / right

blízko / ďaleko

near / far

protiklady - opposites

nový / použitý

new / used

nič / niečo

nothing / something

starý / mladý

old / young

zapnuté / vypnuté

on / off

otvorené / zatvorené

open / closed

tichý / hlasný

quiet / loud

bohatý / chudobný

rich / poor

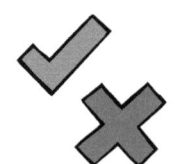

správne / nesprávne

right / wrong

drsný / hladký

rough / smooth

smutný / šťastný

sad / happy

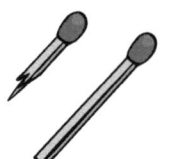

krátky / dlhý

short / long

pomaly / rýchlo

slow / fast

mokrý / suchý

wet / dry

teplý / studený

warm / cool

vojna / mier

war / peace

0

nula

zero

1

jeden

one

2

dva

two

3

tri

three

4

štyri

four

5

päť

five

6

šesť

six

7

sedem

seven

8

osem

eight

9

deväť

nine

10

desať

ten

11

jedenásť

eleven

12
dvanásť

twelve

13
trinásť

thirteen

14
štrnásť

fourteen

15
pätnásť

fifteen

16
šestnásť

sixteen

17
sedemnásť

seventeen

18
osemnásť

eighteen

19
devätnásť

nineteen

20
dvadsať

twenty

100
sto

hundred

1.000
tisíc

thousand

1.000.000
milión

million

angličtina

English

americká angličtina

American English

mandarínska čínština

Chinese Mandarin

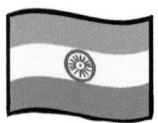

hindčina

Hindi

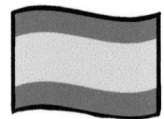

španielčina

Spanish

francúzština

French

arabčina

Arabic

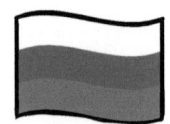

ruština

Russian

portugalčina

Portuguese

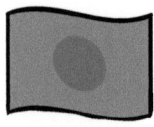

bengálčina

Bengali

nemčina

German

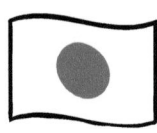

japončina

Japanese

ja
I

ty
you

on/ona/ono
he / she / it

my
we

vy
you

oni
they

kto?
who?

čo?
what?

ako?
how?

kde?
where?

kedy?
when?

meno
name

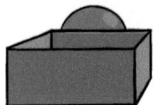

za

behind

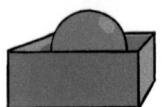

v

in

pred

in front of

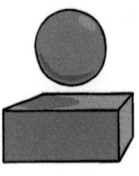

nad

over

na

on

pod

under

vedľa

beside

medzi

between

miesto

place